AF563113

NOTICE

SUR

VÉTHEUIL ET SON ÉGLISE.

APPROBATION DE L'AUTORITÉ DIOCÉSAINE.

Voici la lettre que Mgr Mabile, Évêque de Versailles, a daigné m'adresser le 12 décembre 1862 :

Monsieur le Curé,

J'approuve de tout cœur votre Notice, et je désire bien vivement que vous puissiez recueillir des secours par l'écrit concernant votre Église, qui est un très-beau monument.

Je vous salue bien affectueusement,

† PIERRE,

Évêque de Versailles.

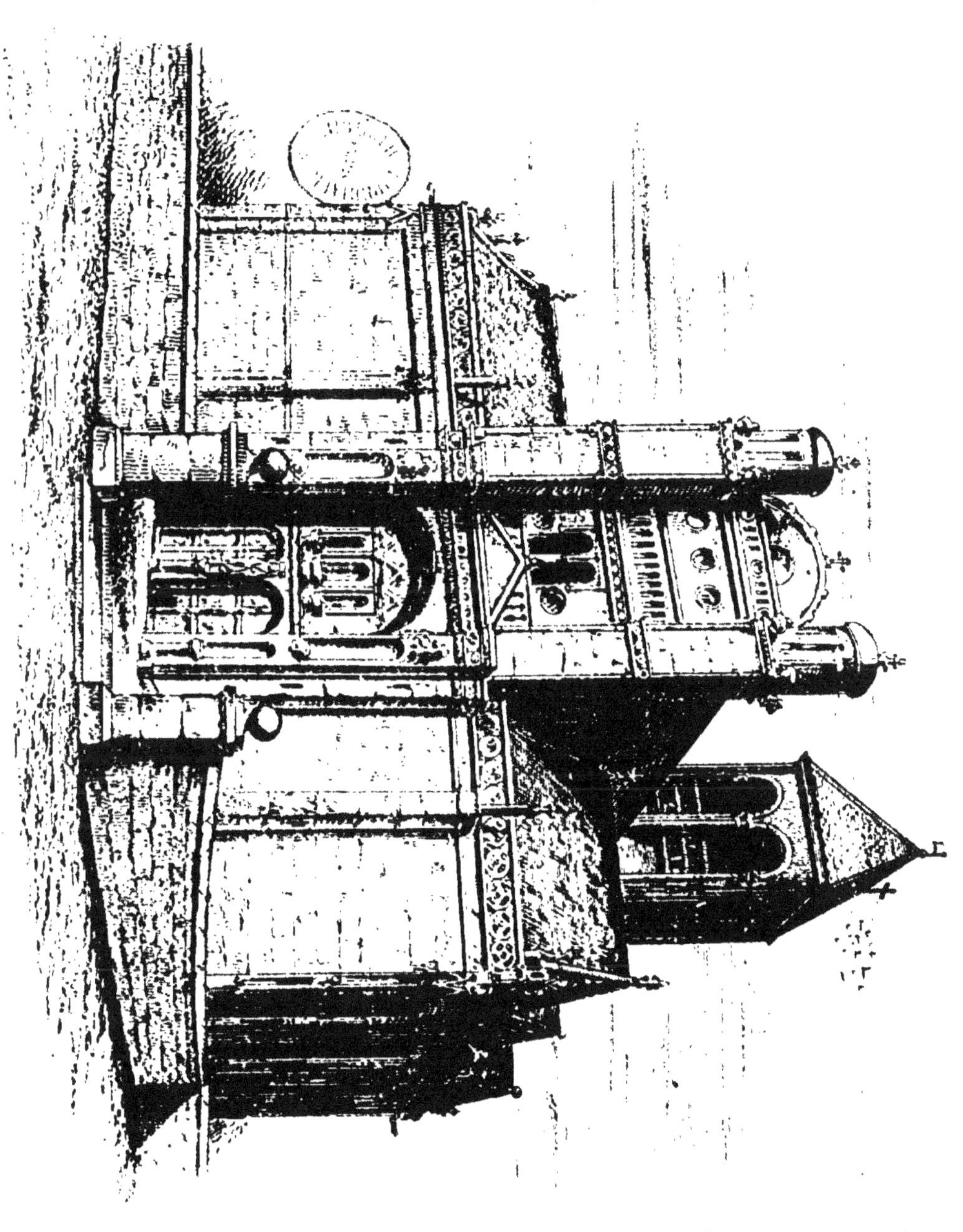

NOTICE

SUR

VÉTHEUIL ET SON ÉGLISE

MONUMENT HISTORIQUE,

PAR L'ABBÉ AMAURY,

CURÉ DE VÉTHEUIL (DIOCÈSE DE VERSAILLES), ANCIEN PREMIER AUMÔNIER DE LA MAISON IMPÉRIALE D'ÉCOUEN.

Interrogez vos pères et ils vous répondront.
(DEUTÉRONOME, 32.)

Deuxième Édition revue et augmentée.

MANTES.

IMPRIMERIE DE ANTOINE-HIBOUT.

1865.

NOTICE

SUR

VÉTHEUIL ET SON ÉGLISE.

Sur la route de Mantes à La Roche-Guyon et à Vernon, à 8 kilomètres de Mantes et à 6 de La Roche, est situé Vétheuil (1), ainsi désigné des anciens propriétaires qui habitaient ce pays. Très-agréablement bâti sur la droite de la Seine, environné de plusieurs coteaux très-accidentés, au onzième siècle défendu par un château-fort, ce *bourg antique* offre un grand intérêt tant pour l'église, bel ornement de la localité et de la contrée, que pour les établissements de charité dont était doté ce pays.

Étudions donc au regard de l'histoire et des traditions Vétheuil et ses anciennes institutions.

D'après les historiens, il paraît que des tribus de race gallique habitaient ces contrées longtemps avant l'invasion

(1) Avant le Concordat, Vétheuil appartenait au diocèse de Rouen; depuis cette époque il est du diocèse de Versailles.

romaine. Ce pays fut le champ de bataille des Vellocasses et des Carnutes (Vexinois et Chartrains), deux peuples voisins et belliqueux. (Chartres était alors le point central de tout le territoire gaulois et la cité la plus considérable des Gaules dans l'ordre religieux et politique.) Les deux rives de la Seine longtemps avant l'ère chrétienne furent habitées. C'est ce qu'indiquent les armes, les médailles, les tombes gauloises découvertes il y a trente-cinq à quarante ans. D'ailleurs il est certain que les bords des grands fleuves de la Seine, de la Loire, de la Saône et du Rhône virent naître le commerce, l'agriculture et la civilisation. — Lorsque les lieutenants de César envahirent les terres des Vellocasses et des Carnutes, nos aïeux, on ne peut en douter, se trouvèrent sous les armes pour défendre leur sol attaqué. — Un million d'habitants périt dans le drame terrible de la conquête romaine. Les Carnutes luttèrent les derniers. Auguste les pacifia en Romain, comme César, à l'aide du licteur.

Pendant cinq siècles les Gaules furent administrées par les Romains. Des routes traversèrent nos antiques forêts de l'est à l'ouest, du nord au sud. Au cinquième siècle, l'empire romain rappelle ses légions et laisse aux barbares les provinces délaissées. Envahies, ravagées, pillées, elles n'offrent plus alors aux regards qu'une vaste désolation et une immense ruine.

Cependant la Religion chrétienne, prêchée à Paris par saint Denis l'Aréopagite à la fin du premier siècle, répandait dans les Gaules sa salutaire influence. Saint Nicaise, Grec d'origine, converti au christianisme par l'apôtre saint Paul à Athènes; saint Nicaise, l'apôtre du Vexin, envoyé dans les Gaules par le pape saint Clément pour travailler, de concert avec saint Denis, premier évêque de Paris, à la conversion de ces belles provinces plongées dans les ténèbres de l'idolâtrie ; saint Nicaise s'avance comme un conquérant le long de la Seine pour l'œuvre importante du salut des âmes ; il se dirige à Rouen, qui est son titre épiscopal ; ses compagnons sont saint Quirin et saint Egobille. — Conflans-Sainte-Honorine, Andrésy, Triel, Vaux, Meulan, Mantes, Mousseaux, où il séjourna un an, sont successivement évangélisés par son zèle ardent et témoin des miracles qu'il opère ; Vétheuil reçut aussi la bonne Nouvelle du salut, de sorte qu'on peut constater la conversion de nos ancêtres à la foi catholique vers la fin du premier siècle ou au commencement du deuxième siècle de l'ère chrétienne. La Roche jouit aussi du même bienfait, et les fruits du salut furent abondants. Parmi les convertis on doit citer la vierge Pience, dame de La Roche, baptisée par saint Nicaise, Clair, prêtre des idoles, et autres habitants de ce lieu. Le château de Pience fut alors ouvert à saint Nicaise comme à un ange du Ciel.

Les succès rapides du Christianisme dans les Gaules ayant vivement irrité le préfet Fescennin Sisinne, les mains teintes encore du sang de saint Denis, premier évêque de Paris, Nicaise et ses compagnons furent arrêtés par ses archers et conduits les mains liées en sa présence. Fescennin les traita de rebelles, d'impies, de visionnaires, et les menaça des plus rigoureux supplices s'ils n'adoraient pas Mercure et Mars, dieux des Gaulois. Le saint évêque lui répondit admirablement sur tous les chefs d'accusation, et fit paraître avec ses compagnons une résolution inébranlable, non-seulement de demeurer fidèles à Jésus-Christ jusqu'à la mort, mais encore d'annoncer hautement l'Évangile et de lui conquérir de nouveaux serviteurs : aussi Fescennin les condamna-t-il au fouet et à avoir la tête tranchée. Ce martyre eut lieu sur le bord de la petite rivière d'Epte, au village de Gasny, le onzième jour d'octobre de l'année 117 de l'ère chrétienne.

Les corps des saints martyrs furent d'abord laissés sur la terre pour être la proie des animaux. Mais la nuit suivante, ô prodige ! ils se levèrent d'eux-mêmes, et prenant chacun leur propre tête entre leurs mains, ils traversèrent la rivière à un gué inconnu jusqu'alors, depuis appelé Gué-de-Saint-Nicaise, *Vadus Nicasii*, d'où Gasny, à 2 kilomètres de La Roche-Guyon ; ils allèrent ensuite se reposer dans une petite île, maintenant du continent parce qu'un bras du fleuve a changé de lit. — La vierge Pience, avertie du martyre des saints apôtres et du lieu où ils s'étaient miraculeusement transportés, s'y rendit aussitôt avec Clair, prêtre des idoles converti, et ses domestiques. Après leur avoir rendu les honneurs de la sépulture, elle fit élever un petit oratoire sur leur tombeau. Cette action, qui ne pouvait être secrète, fit connaître à son père, idolâtre, cruel et obstiné, qu'elle était chrétienne. Ce père dénaturé la fit saisir par l'ordre de Fescennin, la condamna au fouet et à être décapitée, avec Clair et autres chrétiens qui avaient participé à sa conversion. Son corps fut, d'après ses ordres, transféré à Gasny et enterré avec saint Nicaise et ses compagnons. Les reliques des saints martyrs restèrent longtemps dans cet oratoire. Plus tard, saint Ouen, devenu archevêque de

Rouen, fit bâtir un prieuré à l'endroit même où elles étaient. Vers la fin du dixième siècle ces reliques furent transportées à Meulan-sur-Seine et placées dans l'église de l'Ile, dédiée à Notre-Dame. Valeran, comte de Meulan, fit construire une église plus belle, qui, sans perdre le titre de la Sainte-Vierge, prit aussi celui de Saint-Nicaise. Les reliques de sainte Pience sont à Avranches et à Meulan. Une partie de son chef est à La Roche-Guyon, autrefois sa seigneurie.

De l'apostolat de saint Nicaise et de ses compagnons nous pouvons déduire une conséquence vraie et logique, à savoir : que ce saint pontife a dû poser les premières bases de la Foi catholique dans les âmes de nos ancêtres, qui, païens d'abord, devinrent chrétiens. Ayons tous pour ce saint évêque et apôtre du Vexin une confiance filiale et ferme; rappelons-nous notre origine, et, détestant l'erreur et l'indifférence en matière de religion, attachons-nous de cœur et d'âme à la sainte et divine Religion catholique, apostolique et romaine, colonne et fondement de la vérité révélée de Dieu, ayant Jésus-Christ, fils éternel de Dieu, pour divin fondateur, embrassant tous les siècles et satisfaisant pleinement toutes les facultés de l'âme humaine.

Au neuvième siècle, une désolation terrible pèse sur ce pays appartenant à la Neustrie. L'an 845, conduits par Bioern, surnommé Côte de Fer, sorti du Danemark comme le glaive du fourreau pour la ruine des nations, les Normands, peuple du Nord, ravagent de Rouen à Paris, sur les bords de la Seine, tout ce qu'ils trouvent sur leur passage. Il est donc certain que Vétheuil ne fut pas épargné et qu'il subit, comme les contrées avoisinant la Seine, les déprédations de ces barbares ennemis. (La ville de Mantes fut pillée en 863 et en 876.)

Un siècle plus tard, en 998, un seigneur nommé Guy construit le château de La Roche, désigné depuis La Roche-Guyon. Bâti sur un roc, avec une tour très-élevée et menaçante pour les plaines des deux Vexins français et normand, ce château est au dixième siècle l'image de la féodalité planant avec audace sur les ruines de la barbarie et s'appuyant sur la force. La tour existe encore; on y monte par un escalier rapide. Le château de La Roche-Guyon est actuellement la propriété de M. le duc François de La Rochefoucauld. Cette famille illustre, religieuse et charitable, a doté le pays d'un établissement de charité par la création d'un hospice destiné aux enfants convalescents des hôpitaux de Paris. Cette institution charitable est due particulièrement au zèle et à la libéralité de feu M. le comte Georges de La Rochefoucauld, fils de M. le duc. Ses restes mortels reposent dans le caveau de la chapelle élevée par ses soins à la gloire de Dieu. Qu'il repose en paix! et que les chrétiens qui viendront prier dans cette enceinte sacrée n'oublient pas le bienfaiteur qui a fondé l'établissement.

Au quatorzième siècle, le pays est en proie à toutes les calamités de la guerre étrangère et civile. Excitées par Charles de Navarre, des troupes indisciplinées ravagent toutes les frontières de la Normandie, et se réfugient dans les châteaux de Rolleboise, de Vétheuil et de La Roche-Guyon. Antérieurement, en 1067, le château-fort de Vétheuil soutint de longs siéges contre les ennemis qui l'assiégeaient. — Ce château était défendu par trois tours de cinq mètres de largeur, la hauteur était proportionnée; les trois tours n'existent plus; on désigne encore le lieu de leur emplacement. Dans le siècle dernier, ce château était habité par la famille Morin de La Sablonnière; depuis, il a passé par diverses mains jusqu'à celles de M. Séguin, ancien marbrier de l'empereur et propriétaire actuel.

Ce château, sur les bords de la Seine, en face de l'île de Lavacourt, est très-bien placé; du jardin en amphithéâtre on a des points de vue admirables.

Outre le château fort, Vétheuil possédait d'autres établissements. Ainsi, un hôpital Saint-Mathurin (en 1217). Dans une bulle du pape Honorius IV, on lit que le fondateur de cet hôpital le donna à la maison de l'Aumônerie de Mantes (archives de l'abbaye de Fécamp). — L'hôpital Saint-Mathurin était situé sur la hauteur dominant l'église Notre-Dame, dans un endroit vaste et aéré, entouré de coteaux. Une pièce d'eau arrosait le jardin de l'hospice, et le chemin qui y conduisait s'appelait et s'appelle encore le chemin de l'Aumône.

Les murs du jardin n'existent plus; la maison principale a été démolie : il ne reste plus que les souvenirs du passé.

La léproserie de Saint-Étienne (en 1228) mérite aussi d'être mentionnée. Cet établissement était administré par des religieux. En 1793 il a cessé d'être religieux. Devenu d'abord un atelier de laines, puis une filature, c'est maintenant une belle et agréable propriété appartenant à madame veuve Duros. La cave de l'ancien établissement ressemble à une crypte d'église voûtée en pierres et formant des nefs.

Vétheuil a un bureau de bienfaisance bien organisé et doté de 1,300 francs. Une charte du roi Charles V, au quatorzième siècle, parle des revenus attribués à l'hospice de Vétheuil par ce monarque et dont jouit le bureau de bienfaisance.

Outre ces institutions, on distingue encore une place désignée Cour de l'Église. A l'extrémité de cette cour on descend par un escalier de trente-deux marches en pierre dans une cave imitant une crypte d'église, de dix à onze mètres de longueur sur quatre à cinq mètres de largeur. (Cette cour est la propriété de M. Vincent Louason.)

Là était construite une église. Une colonne de style dorique, restes de l'ancienne église, est encore debout. Cette église, sous le vocable de Saint-Maximin, fut la première qui exista à Vétheuil, alors qu'il fut converti au christianisme et eut un temple pour réunir les fidèles et leur administrer les sacrements.

Mais ce qui relève le pays, ce qui attire un grand nombre de visiteurs, c'est la nouvelle église, vaste et beau monument, ancienne collégiale desservie par un chapitre de religieux Bénédictins (1). Les Bénédictins desservirent la collégiale très-probablement jusqu'à la guerre de la

(1) Le chapitre fut fondé par Jeanne d'Évreux, troisième femme de Charles le Bel.

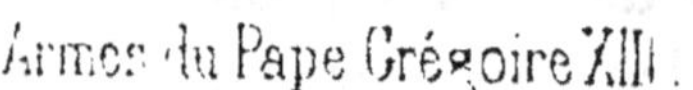
Armes du Pape Grégoire XIII.

Écusson du Greffe de Vétheuil.

Armes de France.

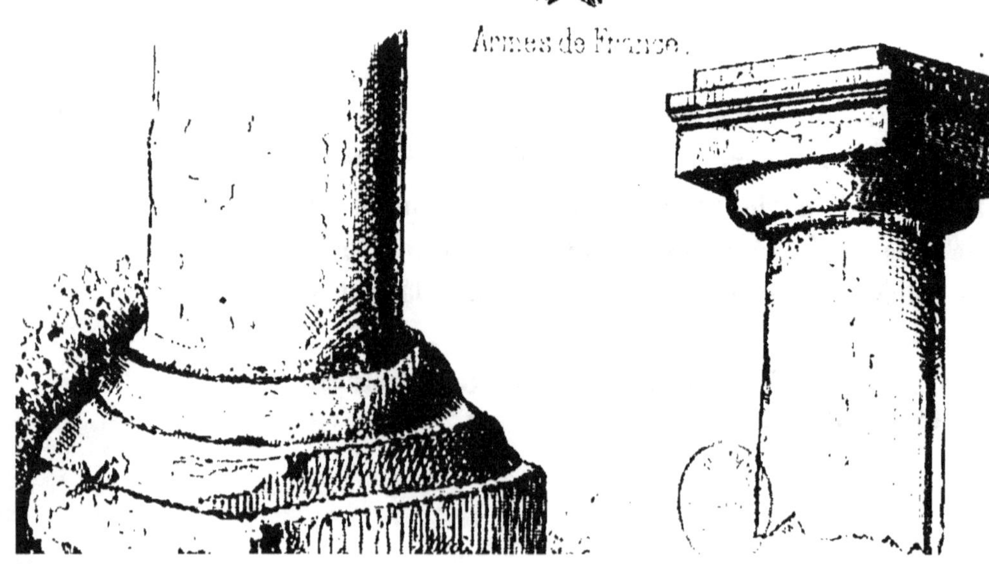

Ligue, car, en 1583, je trouve dans les archives les noms des curés de la paroisse, et antérieurement je ne découvre aucun document.

Depuis 1845, l'église Notre-Dame de Vétheuil est classée parmi les monuments historiques. M. l'abbé Pagnon, un de nos prédécesseurs, avec le concours des autorités administratives, a travaillé à cette œuvre.

Reconnaissance sincère à tous les hommes de zèle et de dévouement qui se sont appliqués à cette œuvre ! Ils ont bien mérité de Dieu, de la Religion et du pays : car c'est une œuvre religieuse et monumentale. Beaucoup de restaurations sont encore nécessaires, et extérieurement et intérieurement. Déjà les habitants de Vétheuil, les membres des confréries se sont cotisés pour enlever le hideux badigeon qui couvre la pierre et les beautés de l'architecture ; mais leurs modiques ressources sont insuffisantes ! Il faudrait donc un aide, un secours spécial. Nous nous adressons avec confiance aux âmes religieuses et charitables qui aiment Dieu, la Religion et les arts, pour seconder les efforts des habitants de Vétheuil et rendre à cette église son lustre primitif. C'est vers ce but que tendent nos efforts.

Pour mieux apprécier l'église, étudions les détails extérieurs et intérieurs. L'église, vaste et belle, d'une hauteur très-convenable, est décorée d'une galerie crénelée en pierre sculptée, de clochetons, de deux beaux portails, l'un méridional, l'autre occidental. La statue de la très-sainte Vierge tenant l'Enfant Jésus est placée sur une colonne sculptée. La pose de la très-sainte Vierge indique qu'elle est la patronne de l'église. Elle l'est en effet :

l'Assomption est le vocable principal de l'église; on l'appelle Notre-Dame de Vétheuil.

La statue de la très-sainte Vierge a pour inscription sur le socle : « *Ave Maria, gratia plena.* » Elle remonte, ainsi que le portail richement sculpté et orné des initiales de Henri II et de la couronne de France, à l'année 1550. Il fut bâti par Henri II et Catherine de Médicis, son épouse.

Ce portail formant chapelle mérite de fixer l'attention. Au fond est posée sur une colonne sculptée et dorée la statue de la très-sainte Vierge, sous le titre de Notre-Dame-de-Grâce, surmontée d'un triple diadème en pierre très-bien travaillé. De chaque côté de la statue vénérée sont les deux portes du portail méridional, enrichies de sculptures remarquables. Dans la porte à droite est sculpté, dans le panneau supérieur, Dieu, le Père Eternel, entouré des anges; dans le panneau du milieu, on voit le couronnement de Notre-Dame; plus bas un écusson entrelacé de branches d'olivier. Dans la porte à gauche se trouvent, en haut, Moïse et Élie, la loi et les prophètes; au milieu, l'Annonciation de la très-sainte Vierge; plus bas, un écusson encadré de branches d'olivier.

Dans les deux portes on distingue les deux fêtes de la paroisse : l'une, l'Assomption de Notre-Dame, est la fête patronale principale; l'autre, l'Annonciation de la très-sainte Vierge, est la fête secondaire. La statue de la sainte Vierge était entourée des douze apôtres; en dehors, sur des socles surmontés de clochetons, étaient les quatre évangélistes : tout a disparu en 1793.

Le portail occidental, surmonté d'une triple galerie et de deux tours en forme de petits clochers, est aussi très-remarquable. D'abord, on aperçoit des chapiteaux sculptés, surmontés de leurs riches diadèmes, qui supportaient les statues des rois et reines, fondateurs et fondatrices de l'église aux diverses époques de sa construction. On voyait Henri II et Marguerite de France; Charles le Bel et Jeanne d'Évreux; François Ier et Marguerite de Savoie; Henri II et Catherine de Médicis, son épouse.

Les portes sculptées de ce portail renferment des traits de l'Ancien et du Nouveau Testament. La porte droite montre en haut Adam et Ève dans le paradis terrestre, le meurtre d'Abel. En descendant, deux personnages symbolisent la Foi et l'Espérance; l'un tient l'ancre de l'Espérance et les clous de la Passion du Sauveur, de Notre-Seigneur Jésus-Christ; l'autre porte le calice, et à côté de lui est placée l'Église possédant la véritable foi; puis, deux écussons ornés de rameaux d'olivier.

La porte gauche indique, en haut, le sacrifice d'Abraham, Moïse dans le buisson ardent. En descendant, deux anges représentent la Justice et la Force; l'un tient une massue, l'autre la balance de la Justice; plus bas, des écussons entrelacés de branches d'olivier.

Au milieu des deux portes, sur une colonne sculptée et couronnée d'un diadème, la statue allégorique de la Charité tient deux enfants; l'un dans ses bras, l'autre debout à ses pieds.

Le clocher, *tour non achevée*, de la hauteur de vingt-quatre mètres, bâti au quatorzième siècle (1350), est l'œuvre de Jeanne d'Évreux, troisième femme de Charles le Bel ; le chœur, du douzième siècle, orné de stalles en bois de chêne, très-large, très-élevé, voûté en pierres et en chapiteaux sculptés, est digne de remarque. Il était enrichi de verrières superbes qui projetaient une lumière douce et riche, portant au recueillement et à la prière. Toutes les verrières ont disparu ; elles sont remplacées par des verres blancs. Le chœur était dallé en pierre et en lozanges ; un sol de bitume remplace l'ancien pavé. Il est vraiment à désirer que ce sol soit remplacé par un dallage en harmonie avec l'architecture du douzième siècle, qui forme le caractère du chœur et du sanctuaire. Henri II, roi d'Angleterre, fit bâtir ce chœur. Il était digne d'un roi quand il était revêtu de tous ses ornements.

Nous pouvons le rendre digne de son premier état par une restauration intelligente et persévérante, et, nous en avons la ferme confiance, notre appel sera compris et réalisé. Les âmes chrétiennes et dévouées de la contrée nous viendront en aide; Dieu les inspirera, les bénira, et nous aussi nous les bénirons par nos prières et l'accent de notre sincère reconnaissance.

Les trois nefs ont eu aussi pour fondateurs et bienfaiteurs deux rois et une reine. La première moitié des trois nefs a été construite par la libéralité du roi François Ier ; la deuxième moitié par Henri II et Catherine de Médicis. On lui doit aussi le portail aux détails si élégants et la sacristie. Le chiffre de Henri II, surmonté de la couronne, orne le portail méridional. Les créneaux de la galerie datent de la Ligue.

Indépendamment des trois nefs, il y a un rayonnement de chapelles latérales, cinq d'un côté, quatre de l'autre. Toutes ont été consacrées et ont un vocable; sept autels et chapelles ont été dédiées, le 4 septembre 1588, par Mgr de Leslye, évêque de Rosse, suffragant de Rouen et vicaire général de Mgr Charles, cardinal de Bourbon, archevêque de Rouen. Le maître-autel et les deux autels des chapelles du transept avaient été précédemment consacrés à l'époque de leur construction.

Dans la nef principale, aux grands piliers, sont sculptés des culs-de-lampe supportant des statues de grandeur naturelle. Il y avait là les douze apôtres, et en tête, d'un côté, la très-sainte Vierge; de l'autre, Notre-Seigneur Jésus-Christ, un *Ecce Homo* magnifique de pose et d'expression. L'*Ecce Homo* est placé à côté de la chapelle de la communion et du Rosaire, en attendant qu'il occupe sa place d'honneur. La plupart des statues ont été brisées au moment de la révolution de 93. Quelques-unes ont été replacées. Récemment, nous avons découvert des peintures murales qui représentent d'une part la Descente de la Croix et deux larrons; de l'autre, les draperies du trône de l'*Ecce Homo;* à côté, Jeanne d'Évreux, Charles le Bel et un enfant; puis François Ier, Henri II, un autre personnage et les armes de France.

Plusieurs confréries sont aussi très-anciennes. La confrérie dite *la Charité*, en l'honneur du très-saint Sacrement, pour l'approbation apostolique des statuts déjà existants de cette Association, date du 22 avril 1583. La copie de la bulle du pape Grégoire XIII, affichée dans la chapelle de la confrérie, est une preuve de ce que j'avance.

Le but de la confrérie, composée d'hommes et de femmes, est d'adorer spécialement Notre-Seigneur Jésus-Christ au très-saint sacrement de l'Eucharistie, d'assister régulièrement aux saints offices, aux processions ordinaires et extraordinaires et d'enterrer les morts. Elle se compose d'un *prévot*, d'un *échevin* ou *conseiller*, de treize *frères servants*, et en plus grand nombre, s'il en est besoin.

D'après les statuts primitifs, antérieurs à l'année 1583 et approuvés par Monseigneur l'Archevêque de Rouen, les confrères du très-saint Sacrement prêtent serment sur le saint Évangile, le jour de la fête du très-saint Sacrement, entre les mains de M. le curé de l'église Notre-Dame de Vétheuil, ou, en son absence, entre celles du chapelain de ladite confrérie, en présence du prévot en charge, de l'échevin et de deux d'entre les treize frères servants, de vivre et de se comporter en honnêtes hommes, selon les statuts, usages et coutumes de la confrérie. Deux messes furent fondées dans ladite chapelle; l'une basse, dite chaque dimanche au matin par M. le curé, le chapelain ou autre prêtre approuvé et choisi par M. le curé; l'autre chantée le jeudi de chaque semaine. Tous les frères y assistent revêtus de leurs robes ordinaires et de leurs chaperons de couleur rouge.

S'il meurt un membre de la confrérie, homme ou femme, les confrères sont tenus de l'aller chercher et de l'apporter avec charité et pompe funèbre, accompagnés de M. le curé ou de son vicaire et de lui rendre la sépulture. Si les défunts sont pauvres, les confrères joignent, le jour de l'enterrement, le lendemain ou dans la huitaine, une messe des morts célébrée avec solennité.

Le prévot et l'échevin, receveurs et administrateurs des deniers de la confrérie, rendent compte de leur gestion de l'année, la semaine dans l'octave du Saint-Sacrement, en présence de M. le curé, de son vicaire, du chapelain de la confrérie et de six confrères. S'il y a excédant, toutes dépenses payées, cet excédant sera distribué aux pauvres du lieu ou employé en bonnes œuvres pour l'embellissement de l'église.

Les enfants des confrères et consœurs seront admis après leur première communion et après la prestation du serment. En cas de mort, six confrères accompagneront leur convoi, avec quatre torches ardentes. Si les enfants meurent avant leur première communion, quatre frères servants, avec deux torches allumées, assistent à leur convoi.

Tous les ans, le prévôt et l'échevin seront renouvelés. Chaque confrère sera aussi renouvelé selon son rang de réception.

Lesdits statuts furent soumis à l'approbation du Saint-Siége apostolique et la confrérie enrichie d'indulgences à perpétuité.

1° Indulgence plénière à tous les confrères de l'un et de l'autre sexe le jour de leur réception, pourvu qu'ils se confessent et communient; de même à tous les absents qui prononceront à l'article de leur mort le très-saint nom de Jésus ou qui le diront du fond du cœur, s'ils ne le peuvent de bouche;

2° Indulgence de cent jours à tous ceux qui assistent régulièrement aux offices qui se célèbreront dans la chapelle de ladite confrérie, sans en manquer aucun; à ceux qui secoureront et conseilleront quelque malade de recevoir le saint Viatique, qui l'accompagneront chez les malades ou qui, empêchés, disent à genoux un *Pater* et un *Ave* pour le malade; à tous ceux qui assisteront aux processions publiques, ordinaires et extraordinaires: à tous ceux qui soulageront et consoleront les malheureux, donneront l'hospitalité aux pauvres étrangers et voyageurs, enseigneront les ignorants et leur apprendront les principes de notre sainte Religion et tout ce qu'on doit savoir pour se sauver; à tous ceux qui réconcilieront des ennemis, qui mettront la paix entre ceux qui sont en zizanie; à tous ceux qui réciteront dévotement dans l'église susnommée un *Pater* et un *Ave* pour l'âme des défunts confrères et feront quelqu'œuvre pieuse et charitable;

3° Indulgence plénière et rémission de tous les péchés, le dimanche dans l'octave du très-saint Sacrement, à tous les confrères de l'un et de l'autre sexe, qui, contrits et vraiment repentants de leurs fautes, visiteront la chapelle dénommée et feront ce jour-là (ce qui doit se faire tous les ans) leurs dévotions, en priant aux intentions ordinaires de l'église, c'est-à-dire pour l'exaltation de notre sainte mère l'Église, l'extirpation de l'hérésie et la paix entre les princes chrétiens.

Dix ans d'indulgence sont accordés aux fidèles non confrères.

Signé de la main du Pape : *Soit fait comme il est demandé.*

La clause à perpétuité est aussi signée du souverain

pontife. Donné à Rome l'an quinzième du pontificat de Grégoire XIII, le 22 avril 1583. Le tout enregistré à Rome au livre XXIII, feuillet 143, et signé Alexandre Miletus.

La chapelle de la confrérie du très-saint Sacrement, la première à gauche du grand portail, est décorée de peintures murales. Au-dessus de l'autel, près de la voûte, sont dix vieillards couronnés portant des vases de parfums : ce sont les vieillards de l'Apocalypse adorant Notre-Seigneur Jésus-Christ, l'Agneau immolé pour le salut du monde; plus bas, on distingue une ancienne peinture bleue parsemée d'étoiles. De chaque côté de la croisée sont des traits de la vie de Tobie. A gauche, dans l'un des tableaux, Tobie le père, captif à Ninive, visite les Juifs, ses frères, pour les consoler, les vêtir, les nourrir et ensevelir les morts. Dans l'autre, le jeune Tobie, accompagné de l'archange Raphaël, fait cuire le poisson retiré du Tigre pour en extraire le fiel destiné à rendre la vue à son père aveugle. A droite de la croisée, on aperçoit quelques personnages à demi-effacés par la vétusté. D'après les traditions locales, l'un des tableaux représentait le jeune Tobie retirant du fleuve le monstre qui voulait le dévorer; l'autre indiquait les adieux et les recommandations de l'archange Raphaël à Tobie et à son fils.

La croisée, enrichie de verrières anciennes, avait des sujets de l'Ancien Testament : le Meurtre d'Abel, le Sacrifice d'Abraham, Moïse sauvé des eaux, la Manne du Désert. Toutes ces richesses ont disparu.

M. Alphonse Durand, architecte en chef des monuments

historiques, qui a conduit les travaux de restauration extérieure de l'église, auquel il a été fait part de cette découverte de peintures murales, opérée le 25 octobre 1864, espère obtenir de Son Excellence Monsieur le Ministre des Cultes, un crédit pour le rétablissement de cette verrière. Nous remercions sincèrement M. Durand de son concours empressé pour cette œuvre de religion et d'art.

Au-dessous de la croisée, sur un plan horizontal, un fait historique se présente : c'est la visite à l'église de personnages distingués. Quatre hommes et deux femmes, accompagnés d'un religieux couvert du capuce, sont reçus par un autre qu'on suppose être Bénédictin. Les hommes, portant manteaux, épées et coiffés, rappellent l'époque de Henri II et de Henri III ; les femmes, vêtues de noir, ont le costume du même temps.

En étudiant l'histoire de France, en rapprochant les événements, le siége de Rouen en 1562, la prise du Havre en 1563, où étaient le roi Charles IX, Catherine de Médicis, sa mère, le duc d'Anjou, frère du roi, commandant l'armée royale, je suis porté à croire que les personnages ci-dessus désignés seraient : Catherine de Médicis et la princesse Marguerite, sa fille ; puis Charles IX ; son frère, le duc d'Anjou ; son autre frère, le duc d'Alençon ; un officier, le père Hugues, religieux de Saint-François, aumônier du roi, et le religieux Bénédictin, de l'église collégiale de Vétheuil, recevant le roi et les princes de sa maison après la prise du Havre, à son retour vers Paris. — C'est une probabilité qui peut être admise.

La confrérie du très-saint Sacrement remplit un ministère de charité dont on doit être reconnaissant. Selon leur devoir et par dévouement, les confrères assistent à toutes les inhumations, sans distinction de pauvres et de riches, et rendent à tous les honneurs de la sépulture chrétienne. Qu'ils reçoivent nos remercîments ! qu'ils continuent au nom de Dieu et de l'Église de remplir fidèlement leurs devoirs à l'égard de leurs frères et sœurs en Jésus-Christ, et qu'inspirés par la vraie charité, ils aiment Dieu de tout leur cœur et Notre-Seigneur Jésus-Christ au très-saint Sacrement de l'autel, en assistant tous les dimanches et fêtes au saint sacrifice de la messe, aux processions ordinaires et extraordinaires, et en recevant le Dieu sauveur dans la sainte Communion, pour participer aux indulgences accordées par notre Saint Père le Pape Grégoire XIII aux confrères et consœurs associés.

Il y a des confréries de Sainte-Anne et du Saint-Nom de Jésus. Dans la chapelle du Saint-Nom de Jésus et de Saint-Louis, on distingue, au-dessus de l'autel, une ancienne peinture bleue parsemée du chiffre de Jésus-Christ et de fleurs de lys. Cette peinture aurait besoin d'être restaurée. — Il y a la confrérie de Saint-Vincent, de Saint-Jacques le Mineur, de Saint-Jean-Baptiste, de Saint-Joseph ; puis l'archiconfrérie du Saint-Cœur de Marie pour la conversion des pécheurs, canoniquement érigée le 13 juillet 1849, par Mgr Gros, évêque de Versailles, sous l'administration de M. l'abbé Pagnon, chanoine honoraire d'Evreux et curé de Vétheuil. — Dans le siècle dernier, Vétheuil avait les confréries du Carmel et du Rosaire.

En outre, il y a plus de deux siècles, une peste épouvantable ravagea la contrée. Elle était tellement effrayante, que le drapeau noir, en signe de deuil, fut arboré sur le clocher de l'église Notre-Dame de Vétheuil. On se recommanda à Dieu, à Notre-Seigneur Jésus-Christ, Sauveur du monde, à Marie, consolatrice des affligés; on l'invoqua avec une pleine confiance... et la peste cessa. Delà date le pieux pélerinage à Vétheuil pour les maladies des grandes personnes et des enfants et pour les grâces dont on avait besoin, pélerinage qui a toujours existé, mais isolément depuis la révolution de 93. En avril 1864, ce pélerinage fut remis en vigueur, et Sa Grandeur Monseigneur Mabile, évêque de Versailles, par lettre du 25 janvier, accorda des indulgences aux fidèles qui visiteront l'église de Vétheuil en disant un *Ave Maria*.

Voici le texte de la lettre épiscopale en réponse à la supplique de M. le curé de Vétheuil :

« Nous, évêque de Versailles, accordons quarante jours
» d'indulgences à gagner une fois chaque jour de la neu-
» vaine pour tous les fidèles qui réciteront dans l'église
» de Vétheuil un *Ave Maria*.

» Versailles, le 25 janvier 1864.

» † Pierre, évêque de Versailles. »

Le 7 avril 1865, notre Saint Père le Pape Pie IX a daigné accorder une indulgence plénière le jour de la fête patronale du pélerinage de Notre-Dame-de-Grâce ou l'un des sept jours suivants aux fidèles qui rempliront les conditions prescrites.

Voici le texte du bref apostolique en latin et en français :

PIUS P. P. IX.

Universis christi fidelibus litteras inspecturis, salutem et apostolicam benedictionem.

Ad augendam fidelium religionem et animarum salutem cœlestibus ecclesiæ thesauris, pia charitate intenti omnibus utrusque sexus christifidelibus vere pœnitentibus et confessis ac sacra communione refectis, qui parochialem ecclesiam B. M. V., Vulgò *Notre-Dame de Vétheuil*, nuncupatam diocesis Versaliensis in festivitate Annunciationis ejusdem virginis Dei paræ, a primis vesperis vel uno ex septem diebus continuis immediate subsequentibus ad unius cujusque christifidelis libitum sibi deligendo ab ortu usque ad occasum solis dierum hujus modi devote singulis annis visitaverint, ibique pro christianorum principum concordia, hæresum extirpatione ac sanctæ matris ecclesiæ exaltatione pias ad Deum preces effuderint, quo die ex dictis id egerint, plenarium omnium peccatorum suorum indulgentiam et remissionem misericorditer in Domino concedimus.

Prœsentibus ad decennium tantum valituris.

Datum Romæ apud sanctum Petrum sub annulo piscatoris Die VII aprilis M.D.CCCLXV.

Pontificatus nostri anno decimo nono.

N. cardinalis CLABELLI.

(*Lieu du sceau.*)

PIE IX, PAPE.

A tous les chrétiens qui verront les présentes lettres, salut et bénédiction apostolique.

Pour augmenter la religion des fidèles et le salut des âmes par les célestes trésors de l'église, déterminé par une pieuse charité, à tous les fidèles de l'un et de l'autre sexe vraiment pénitents confessés et nourris de la sainte communion, qui chaque année visiteront dévotement l'église paroissiale de la bienheureuse vierge Marie, appelée Notre-Dame de Vétheuil, du diocèse de Versailles, le jour de la fête de l'Annonciation de la très-sainte Vierge, mère de Dieu, depuis les premières vêpres de la fête ou l'un des sept jours entiers et suivant immédiatement, au choix de chaque fidèle, depuis le lever jusqu'au coucher du soleil de ces mêmes jours, et là prieront avec piété pour la concorde entre les princes chrétiens, l'extirpation des hérésies et l'exaltation de notre sainte mère l'église, l'un des jours susnommés et choisis par les fidèles pour remplir les conditions prescrites, nous accordons miséricordieusement dans le Seigneur l'indulgence plénière et la rémission de tous leurs péchés.

Les présentes lettres valables seulement pour dix ans. Donné à Rome, près saint Pierre, sous l'anneau du pécheur, le 7 avril 1865, la treizième année de notre pontificat.

NICOLAS, cardinal CLARELLI.

Vu et reconnu à Versailles, le 17 avril 1865.

DELANOUE, vicaire général.

(*Lieu du sceau épiscopal.*)

Certifié conforme à la minute par nous prêtre, curé de Notre-Dame de Vétheuil, soussigné, le 25 avril 1865, fête de Saint-Marc, évangéliste.

J[h]. AMAURY, curé de Vétheuil.

Puisse ce pélerinage, sous le titre de Notre-Dame-de-Grâce et les indulgences plénières accordées par notre Saint Père le Pape et par Mgr notre Evêque, raviver dans les consciences la foi, l'espérance et la charité, bénir les enfants! Puisse ce pieux pélerinage, sous le patronage de Marie, refuge des pécheurs, ramener à la pratique des sacrements de pénitence et d'Eucharistie les fidèles qui en sont éloignés! Puisse ce pélerinage obtenir, par la médiation maternelle de Marie, mère de la divine Grâce, les bénédictions spirituelles et temporelles dont la très-sainte Vierge est le canal bienfaisant et privilégié!

Que les membres des autres confréries, marchant sur les traces de leurs patrons respectifs, pratiquent les vertus chrétiennes, les devoirs que la religion catholique impose à ses disciples pour leur avantage spirituel et temporel et pour la gloire de Dieu dont ils sont les créatures et les enfants! ce sera un exemple donné à la paroisse, qui en profitera. Il en résulte l'union qui fait la force, la paix des âmes, le vrai bonheur et un acheminement dans le chemin qui conduit à l'éternité triomphante.

Grâces soient rendues aux âmes pieuses et charitables! Les chapelles latérales et les nefs de l'église de Vétheuil ont été restaurées : le badigeon a disparu; la pierre apparait telle qu'elle était primitivement. Nous devons cette œuvre aux offrandes produites par la *Notice sur Vétheuil et son Eglise* et aux cotisations des diverses confréries de la paroisse. Que tous reçoivent l'expression de notre vive et sincère reconnaissance!

Restent encore le chœur et le transept. En janvier 1866 commenceront les travaux de restauration.

En mai 1863, Leurs Majestés Impériales l'Empereur et l'Impératrice, voulant contribuer à l'embellissement de l'église de Vétheuil et donner une marque particulière de bienveillance, ont accordé un bel ostensoir, qui a été reçu par toute la paroisse avec une profonde et sincère reconnaissance. Ce don de la munificence impériale nous impose un devoir à remplir, celui d'enregistrer Sa Majesté l'Empereur Napoléon III et Sa Majesté l'Impératrice Eugénie au nombre de nos illustres bienfaiteurs et de les compter à la suite des rois de France qui, à diverses époques, ont contribué à la restauration et à l'embellissement de l'église Notre-Dame de Vétheuil.

Le 5 juillet 1865, Son Excellence M. Baroche, ministre de la Justice et des Cultes, accorde un secours de 1,800 fr., et par décision du 25 novembre suivant, un autre secours de 2,000 fr. pour les réparations de l'église de Vétheuil. Nous remercions profondément Monsieur le Ministre des Cultes de cet acte de religion et de haute bienveillance, et nous le placerons avec reconnaissance au rang de nos très-généreux et insignes bienfaiteurs.

Avant 1793, l'église de Vétheuil avait des ressources suffisantes pour son entretien et ses frais de restauration. Elle possédait deux mille quatre cents francs de rentes, tant en biens fonds qu'en revenus sur l'Etat. Actuelle-

ment elle ne possède que quatre cent vingt-et-un francs de rentes ; c'est pourquoi elle se recommande à la piété et à la générosité des âmes fidèles, pieuses et charitables qui comprennent la beauté de la maison de Dieu et les liens sacrés qui nous y attachent.

Vienne, dépendant de Vétheuil pour le spirituel, commune seulement depuis 1790, a aussi pour hameaux Chaudry et les Millonets. Chaque hameau a son protecteur : saint Jean-Baptiste est le patron de Chaudry, saint Gilles des Millonets. Vienne possède encore la chapelle dédiée à la sainte Vierge et à saint Joseph. La Nativité de la sainte Vierge, le 8 septembre, est la fête patronale principale; saint Joseph est patron secondaire.

La chapelle, achetée à la révolution et ayant servi de grange, est complètement restaurée en mars, avril et mai 1865, par MM. Pernuit et Cousin, entrepreneurs de Vétheuil et de Vienne. Un clocher élégant surmonte et couronne l'édifice sacré. La cloche, don de deux habitants du pays, MM. Picard et Lesimple, nommée Marie-Joséphine par Félix-Athanase Toutain et Clémentine Lesimple, parrain et marraine, et bénite par M. l'abbé Delanoue, vicaire général de Versailles, autorisé à cet effet par Mgr l'Evêque, présent à la cérémonie, annonce trois fois par jour le mystère de l'incarnation du Verbe de Dieu fait chair par amour pour les hommes. Le saint sacrifice de la messe est offert dans ce sanctuaire, et les habitants viennent prier et adorer leur divin Rédempteur, renouvelant sur l'autel le sacrifice du calvaire pour nous appliquer à tous les mérites du sacrifice de la croix.

La date de la bénédiction de la chapelle et de la cloche est le dimanche 28 mai 1865. M. l'abbé Amaury, curé de Vétheuil, délégué par Mgr l'Evêque fit cette bénédiction solennelle le dimanche matin et célébra le saint sacrifice de la messe interrompu depuis 72 ans. L'après-midi, vers deux heures, Mgr l'Evêque, en cours de visite pastorale, honora Vienne de sa présence, fut reçu par MM. Finet et Toutain, maires de Vétheuil et de Vienne, prêcha et dit que les sanctuaires sont les témoins d'une inflexible franchise de la foi et de la piété de nos pieux ancêtres, et qu'ils doivent servir à nous faire accomplir les œuvres pratiques de la foi. — Sa Grandeur ajouta que la cloche remplit deux missions saintes : l'une de louer Dieu, l'autre d'appeler le peuple à la prière, au saint sacrifice, aux instructions et de rappeler les époques mémorables de la vie.

Que la résurrection de la chapelle Saint-Joseph de Vienne soit un motif puissant et un stimulant pour les chrétiens qui l'entourent! afin d'être ce qu'ils doivent toujours être par les vertus chrétiennes, la sanctification du dimanche, la réception des sacrements et le zèle éclairé pour leur salut éternel!

En suivant ce chemin tracé, les habitants de Vienne glorifieront Dieu, notre père, et son divin fils, Notre-Seigneur, donneront l'édification et porteront leurs frères à suivre leurs saints et religieux exemples.

Vienne, bâti en amphithéâtre au fond d'une vallée ombragée, environné de coteaux accidentés et pittoresques, arrosé d'eaux vives, est agréable par son site. C'est un petit paysage suisse apprécié des visiteurs.

Que Vétheuil et ses dépendances soient anciens, que cet endroit ait été important comme bourg, tout le prouve, et les établissements de charité désignés plus haut, la léproserie et l'hôpital Saint-Mathurin, l'ancienne église et l'église nouvelle, desservie dans les siècles précédents par un chapitre, comme l'indique la rue du Moutier et l'ancienne maison des Moines; de plus, les rues principales du bourg, de l'Orme, de la Croix-Blanche, de Saint-Martin, du Talus, de la Seine; la place du Marché au Blé, ainsi désignée du marché qui s'y tenait; la Prison, le Greffe, le Notariat : tout cela désigne une localité importante dans les temps passés. Le Notariat a existé jusqu'en 1807, époque où il fut transféré à La Roche-Guyon.

Voici ce qui est consigné, au sujet de Vétheuil, dans le dictionnaire La Martinière, 1739 :

« Vétheuil, bourg de France, dans le Vexin-Français, à une lieue de La Roche-Guyon et à deux ou trois de Mantes. Son église paroissiale est dédiée à Saint-Maximin, et on y tient marché le lundi et le vendredi et une fois le jour de Saint-Fiacre. »

Espérons que des circonstances favorables permettront au zèle intelligent de M. le maire et de l'administration locale de rétablir, avec le concours de l'autorité supérieure, au moins le vendredi, le marché, qui serait un centre de commerce pour le pays et donnerait la vie et l'animation à cette localité, comme dans les siècles passés.

J'ai lu dans un document concernant La Roche-Guyon

que des lettres patentes de Charles VIII, roi de France, en l'année 1495, obtenues par Bertin de Silly, seigneur de La Roche-Guyon, chambellan du roi, autorisaient au quinzième siècle les marchés de Vétheuil et ceux de La Roche-Guyon.

Tels sont les détails historiques et traditionnels concernant Vétheuil que nous avons pu recueillir. Qu'ils soient utiles et agréables à nos lecteurs et servent à rendre à ce pays l'importance qu'il mérite par son site et ses traditions! qu'ils servent à faire venir dans cette localité de bonnes familles, des âmes religieuses, charitables et dévouées! qu'ils servent surtout à glorifier Dieu, Jésus-Christ, son divin fils, notre adorable Sauveur, et la sainte église catholique notre mère, qui nous a bénis à notre entrée dans la vie, qui nous accompagne sans cesse de ses vœux et de ses prières, et n'a qu'un seul désir, celui de notre vrai bonheur sur cette terre et de notre félicité dans les Cieux!

Puissent ces lignes, tracées par l'amour de Dieu, de la très-sainte Vierge et des arts, parler à nos lecteurs et leur inspirer de faire, selon leurs moyens et leur cœur, une offrande au sanctuaire de Notre-Dame de Vétheuil; ils en seront amplement dédommagés par les bénédictions qui accompagneront cette bonne œuvre, présage elle-même des célestes bénédictions pour eux et leurs familles!

P. S. Dans la maison dite le Greffe, il y a un écusson représentant *deux mains unies tenant une plume*, puis *trois cônes de pin : deux en haut, un en bas de l'écusson.*

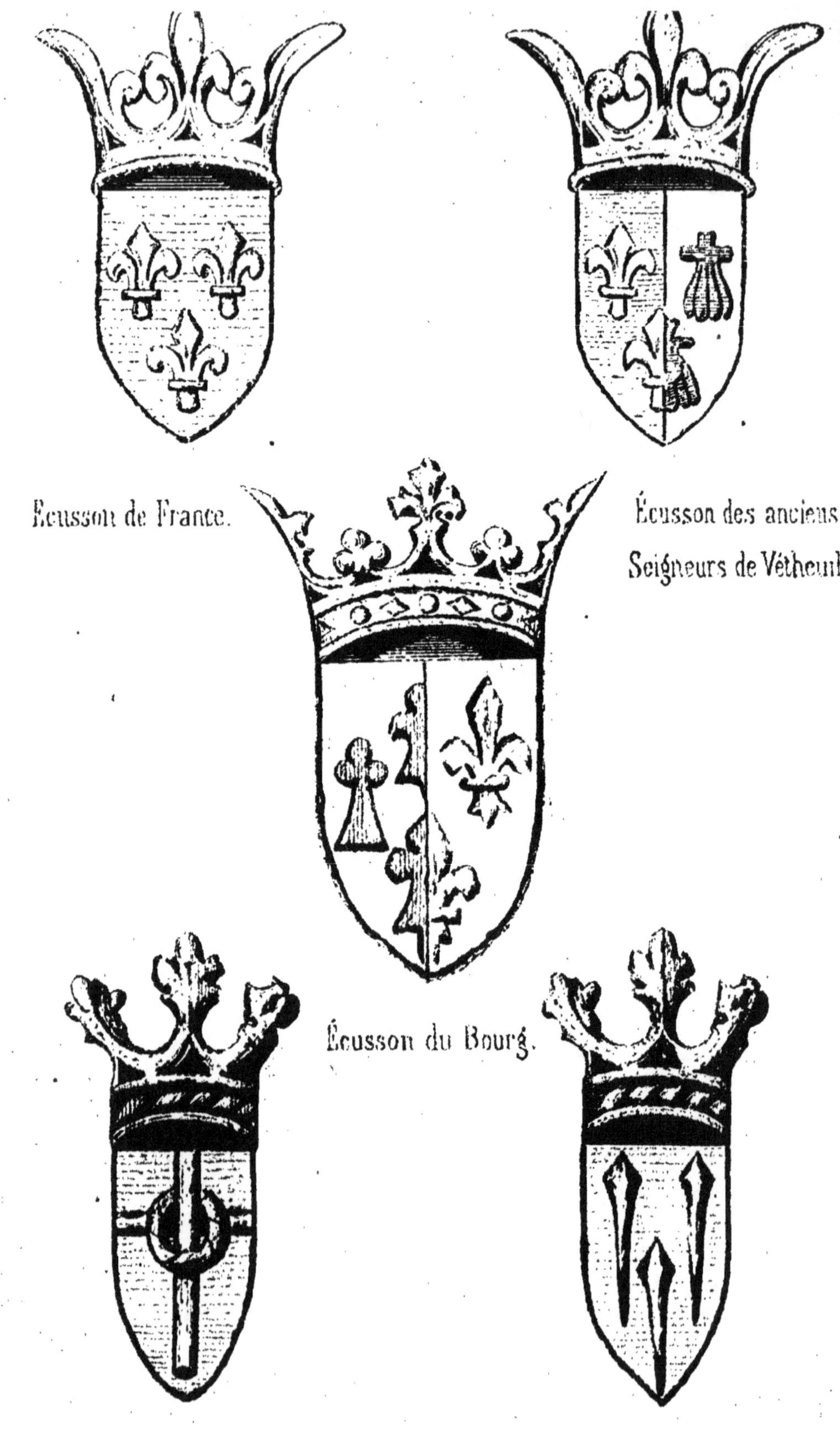

Écusson de France.

Écusson des anciens Seigneurs de Vétheuil.

Écusson du Bourg.

En novembre 1865, nous avons découvert sur l'ancien bâton de confrérie, dit *Bâton Notre-Dame*, quatre écussons : 1° l'écusson de France; 2° l'écusson des anciens seigneurs de Vétheuil; 3° les deux écussons de la Passion de Notre-Seigneur Jésus-Christ. En outre, sur un panneau de chêne sculpté, du quinzième siècle, l'écusson du bourg de Vétheuil.

P. S. En mémoire de la confrérie du très-saint Sacrement, l'adoration perpétuelle, nuit et jour, commençait le 15 août, jour de la fête patronale, et finissait le dernier dimanche d'août.

P. S. Pour les bienfaiteurs de l'église, deux messes seront dites : l'une dans le mois de janvier, l'autre dans le mois de novembre; la première pour les bienfaiteurs vivants, la deuxième pour les bienfaiteurs défunts.

Indication des Tableaux et Statues qui existent dans l'Église de Vétheuil.

CHŒUR.

L'Assomption de la très-sainte Vierge. (Copie de Jouvenet.)

Côté gauche.

CHAPELLE SAINT-JEAN-BAPTISTE.

La Cène. (Copie du Poussin.)

Sainte Bathilde. — Charlemagne. (Peintures du quinzième siècle, de l'école allemande, en bon état de conservation.)

Les saintes Femmes au Tombeau. — L'Entrée triomphante à Jérusalem. (Tableaux de la même époque.)

CHAPELLE DU SAINT NOM DE JÉSUS ET DE SAINT-LOUIS.

Scènes de toute la Passion, sculptées en bois doré, du quatorzième siècle, bien conservé. (Les figures sont expressives et remarquables). — Ornementation du quatorzième siècle très-belle. — Statue de la sainte Vierge tenant l'Enfant Jésus, en pierre peinte (du seizième siècle). — Statue de sainte Véronique, en pierre peinte.

CHAPELLE SAINT-JACQUES.

Tableau de saint Jacques. (Expression convenable. École de l'Empire.) — Statue en pierre peinte de saint Jacques le Mineur. (Expression très-digne.)

CHAPELLE SAINTE-ANNE.

Fonts baptismaux sculptés (du douzième siècle).

CHAPELLE DE LA CHARITÉ EN L'HONNEUR DU TRÈS-SAINT SACREMENT.

Peintures à la voûte : les quatre Évangélistes. — Peintures murales : le Jugement dernier, l'Enfer et le Purgatoire.

Tableau de l'Adoration du très-saint Sacrement.

Trois statues en pierre peinte, très-convenables d'expression : saint Blaise, sainte Jeanne et sainte Marguerite.

Côté droit.

CHAPELLE SAINT-HONORÉ.

Depuis 1793 elle ne sert pas au culte.

CHAPELLE SAINT-VINCENT, MARTYR.

Couronnement de la très-sainte Vierge. (Tableau ordinaire. École italienne.) — Statue de saint Vincent, en pierre peinte; sur le socle, la serpe et les raisins sculptés en pierre sont très-bien exécutés.

CHAPELLE SAINT-NICOLAS, SAINT-ÉTIENNE ET SAINT-JOSEPH.

Tableau indiquant l'Adoration du saint Nom de Jésus. (Ecole de Lesueur ou Lesueur lui-même.)

Statues en pierre peinte de saint Côme et saint Damien, de saint Etienne, premier martyr, de saint Laurent, martyr. (Quatorzième siècle.) — Statue en bois doré de sainte Madeleine. (Epoque de la Renaissance.)

Ancienne boiserie sculptée très-remarquable, surmontée d'un Christ de belle expression. (Epoque de la Renaissance.)

CHAPELLE DE LA COMMUNION ET DE LA CONFRÉRIE DE LA TRÈS SAINTE VIERGE.

Statue de la très-sainte Vierge tenant l'Enfant Jésus (Pose et expression très-convenables.)

Tableau de la Visitation. (Ecole de Lebrun.)

Balustrade, appui pour la sainte Communion. (Style de la Renaissance.)

Dans la nef principale, aux piliers, statues en pierre peinte, des quatorzième et quinzième siècles. (Toutes convenables de pose et d'expression.)

Dimensions de l'Église.

SANCTUAIRE.

Longueur : 6 mètres 50 centimètres.
Largeur : 9 mètres.

CHŒUR.

Longueur : 9 mètres.
Largeur : 9 mètres.

NEF PRINCIPALE.

Longueur : 30 mètres.

NEFS LATÉRALES ET CHAPELLES.

Largeur : 22 mètres 10 centimètres.

Hauteur des voûtes.

Nef principale : 14 mètres.
Nefs latérales et chapelles : 10 mètres.
Les deux chapelles du transept ont 14 mètres de hauteur, 4 mètres 90 centimètres de longueur et 4 mètres 20 centimètres de largeur.

Hauteur de la tour en pierre du clocher :

34 mètres; plus, 8 mètres de charpente couverte en ardoises, formant la pyramide du clocher surmonté de la croix.

Hauteur totale du clocher.

42 mètres.

NOTES HISTORIQUES.

Placée sur les frontières de deux puissants états rivaux l'un de l'autre, l'église de Vétheuil a suivi le cours de nos démêlés avec l'Angleterre, et n'est arrivée à sa perfection qu'environ 400 ans après sa fondation.

Le chœur, sur le modèle de celui de Mantes, a été construit par Henri II, roi d'Angleterre, sur la fin du règne de Louis VII, dit le Jeune, vers l'an 1180, à peu près à l'époque où Maurice de Sully, évêque de Paris, reconstruisit Notre-Dame.

Henri le Jeune, *Court-Mantel*, fils aîné de Henri II, épousa Marguerite de France, fille de Louis le Jeune, et eut pour dot le comté du Vexin, où Vétheuil était situé. Ce comté du Vexin, par l'*état* religieux qu'embrassa Simon, dernier comte du Vexin et de Mantes, mort à Reims, en odeur de sainteté, l'an de Notre-Seigneur 1082, revint au domaine du roi.

Guyon, fils de Hugues II, seigneur de La Roche-Guyon, reçut, en 1097, les Anglais en son château et dans Vétheuil. Guillaume le Roux, roi d'Angleterre, régent de Normandie, ayant appris que la valeur de ses ancêtres avait eu pour récompense le Vexin-Français, demanda au roi Philippe les villes de Pontoise, de Chaumont et autres places. Sur son refus, Guillaume lève des troupes et s'efforce de les prendre. Les Français s'opposent à ses entreprises. Robert, comte de Meulan, se jette du côté des Normands. Guyon, seigneur de La Roche, gagné par des présents, les reçut dans son château et dans Vétheuil, et delà les Normands faisaient des excursions jusqu'aux portes de Paris. Le même Guyon, grand homme de bien et fort attaché aux devoirs du christianisme, fut assassiné avec son épouse, par son beau-père, Guillaume, Normand de nation, qui le massacra et s'empara de la place du château pour se rendre formidable et aux Normands et aux Français.

Cet assassinat ne resta pas impuni. Le roi envoya des troupes pour prendre la forteresse et se saisir de Guillaume et de ses gens, qui moururent dans de cruels supplices. A Guillaume on arracha le cœur et on le *ficha* à un *pieu* pour être exposé aux regards du public. Tous les cadavres des Normands furent placés sur une barque, qu'on laissa suivre le courant de l'eau, pour porter aux Normands, jusqu'à Rouen, cet exemple de la punition de leurs indignes compatriotes.

Pendant les guerres sanglantes que l'Angleterre eut à soutenir au sujet du comté du Vexin, les travaux de l'église de Vétheuil furent suspendus. La mort du roi Henri II, en 1189, la reprise du comté du Vexin sur Richard Ier, successeur de Henri II, la conquête du duché de Normandie, que le roi Philippe-Auguste réunit à la couronne en 1205, trois cents ans après son démembrement, mirent les Anglais dans l'impossibilité d'achever ce monument, qui resta dans cet état jusqu'en 1530. (Pour rendre le chœur et les deux chapelles latérales à leur destination religieuse, on construisit une petite nef lambrissée.)

François Ier, qui aimait à visiter le château de La Roche-Guyon, situé dans le voisinage, ne put voir sans intérêt cet antique monument qui semblait n'avoir été placé par nos ennemis que pour perpétuer le souvenir de nos victoires et l'époque de notre délivrance. Après la bataille de Pavie, ce prince fit reprendre les travaux du roi d'Angleterre et de Jeanne d'Evreux, morte sous Charles V, en 1391, à qui on doit le clocher et les deux chapelles latérales. Vers l'année 1530, on commença la grande nef, qui est un remarquable travail du seizième siècle.

Au milieu de cette seconde entreprise, les travaux furent suspendus de nouveau, à cause de la guerre du Milanais. La sacristie construite est de l'année 1533, époque du mariage de Henri II avec Catherine de Médicis.

Henri II fit reprendre les travaux de la nef terminée en 1550. — L'*H* et le *C* qu'on remarque sous le porche, au-dessous d'une couronne à demi-effacée pendant la révolution de 93, sont les lettres initiales de Henri II et de Catherine de Médicis.

Les créneaux aux deux côtés des portes latérales et au-dessus des nefs furent construits pour repousser les attaques des séditieux dans les guerres de la Ligue. Au portail, on remarque l'empreinte de boulets de canon tirés des plaines de Lavacourt.

www.ingramcontent.com/pod-product-compliance
Lightning Source LLC
LaVergne TN
LVHW011947230826
846091LV00006BB/2168